W9-CPG-746

Entrenadores

Julie Murray

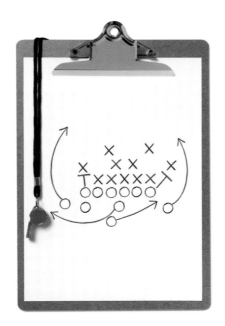

Abdo Kids Junior es una
subdivisión de Abdo Kids
abdobooks.com

Abdo
**TRABAJOS EN MI
COMUNIDAD**
Kids

abdobooks.com

Published by Abdo Kids, a division of ABDO, P.O. Box 398166, Minneapolis, Minnesota 55439.
Copyright © 2019 by Abdo Consulting Group, Inc. International copyrights reserved in all countries.
No part of this book may be reproduced in any form without written permission from the publisher.
Abdo Kids Junior™ is a trademark and logo of Abdo Kids.

Printed in the United States of America, North Mankato, Minnesota.

102018

012019

Spanish Translator: Maria Puchol

Photo Credits: Alamy, AP Images, iStock, Shutterstock

Production Contributors: Teddy Borth, Jennie Forsberg, Grace Hansen

Design Contributors: Christina Doffing, Candice Keimig, Dorothy Toth

Library of Congress Control Number: 2018953852

Publisher's Cataloging-in-Publication Data

Names: Murray, Julie, author.

Title: Entrenadores / by Julie Murray.

Other title: Coaches

Description: Minneapolis, Minnesota : Abdo Kids, 2019 | Series: Trabajos en mi
comunidad | Includes online resources and index.

Identifiers: ISBN 9781532183676 (lib. bdg.) | ISBN 9781641857093 (pbk.) | ISBN 9781532184758 (ebook)

Subjects: LCSH: Coaches (Athletics)--Juvenile literature. | Occupations--Careers--
Jobs--Juvenile literature. | Community life--Juvenile literature. | Spanish
language materials--Juvenile literature.

Classification: DDC 796.077--dc23

Contenido

Entrenadores

Carolina es entrenadora.

¡Le encanta su trabajo!

Los entrenadores ayudan a otras personas. Bill ayuda a Sam a golpear la bola.

Los entrenadores programan entrenamientos. Andy practica sus tiros libres.

Preparan ejercicios de práctica.

Leah patea la pelota.

Ayudan a mejorar las habilidades deportivas. Paul demuestra cómo placar.

Enseñan cómo trabajar

en equipo.

Ayudan en los partidos. Daniel muestra la siguiente jugada.

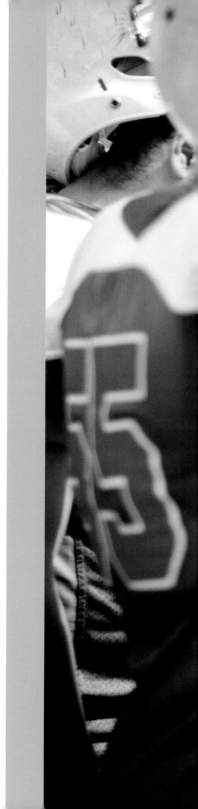

Animan a sus equipos.

El papá de Ana entrena a su equipo. ¡Ganaron el partido!

Los materiales de un entrenador

un portapapeles

el equipamiento

el equipo

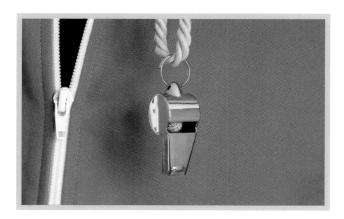

un silbato

Glosario

habilidad
capacidad de hacer algo bien.

ejercicios de práctica
método de entrenamiento donde se repiten muchas veces los mismos ejercicios.

trabajo en equipo
colaboración de un grupo de personas.

Índice

Abdo Kids
ONLINE
FREE! ONLINE MULTIMEDIA RESOURCES

¡Visita nuestra página **abdokids.com** y usa este código para tener acceso a juegos, manualidades, videos y mucho más!

Código Abdo Kids:
MCK7870